QUELQU'UN

ou

QUELQUE CHOSE

ou

L'ANTI-CONSTITUANT

**Causeries entre Jacques Bonhomme
et son voisin le Franc-Parleur,
contre l'élection prochaine
d'une Constituante.**

Jacques Bonhomme tu es roi! —
Oui, Jacques! Roi... aujourd'hui!
Mais demain?. . Vote et abdique.
Plus d'idoles! mais des principes!

PRIX : 50 CENTIMES.

LILLE

CHEZ TOUS LES LIBRAIRES,
Dépôt général, chez GUILLOT, libr., rue Neuve, 37.

QUELQU'UN

ou

QUELQUE CHOSE

ou

L'ANTI-CONSTITUANT

Causeries entre Jacques Bonhomme
et son voisin le Franc-Parleur,
contre l'élection prochaine
d'une Constituante.

———

Jacques Bonhomme tu es roi ! —
Oui, Jacques ! Roi... aujourd'hui !
Mais demain ?. . Vote et abdique.

Plus d'idoles ! mais des principes !

———

LILLE

CHEZ TOUS LES LIBRAIRES.

Dépôt général, chez GUILLOT, libr., rue Neuve, 37.

1871

QUELQU'UN OU QUELQUE CHOSE

OU

L'ANTI-CONSTITUANT.

—

> — Jacques Bonhomme tu es roi !
> — Oui, Jacques, Roi, aujourd'hui.
> Mais demain? Vote....... et abdique.
>
> Plus d'idoles, mais des principes.

JACQUES BONHOMME. — Voisin, que pensez-vous de cette très sérieuse affaire qui nous attend après la guerre ? Que pensez-vous de l'élection d'une Constituante chargée de nous faire une Constitution ?

LE FRANC-PARLEUR. — Je pense, Jacques, que c'est la mer à boire.

J.-B. — Me voilà bien avancé ! Je comptais sur vous pour obtenir un bon conseil.

F.-P. — Tu en parles bien à ton aise. Comment puis-je te conseiller, Jacques ? Je ne sais pas moi-même ce que je ferai.

J.-B. — Cependant, vous avez dû y réfléchir depuis longtemps, car le sujet vous tient fortement à cœur.

F.-P. — De quoi cela me sert-il? Quand je saurais parfaitement ce que je dois faire de mon vote, quand mon vote serait le plus. intelligent, le plus patriotique de France, ne viendra-t-il pas échouer contre la majorité de tous ceux qui ne savent pas ce que vaut le leur? Nous y avons été pris en 48 et 49 ; surtout à l'élection du Président, et d'une manière irréparable au vote pour ou contre l'Empire. J'ai alors trouvé pour mon compte que ces échecs me suffisaient, et pendant de longues et lourdes années j'ai considéré que dire *non* contre l'Empire était duperie. Enfin en 63, cédant aux instances de mes amis, j'ai voté pour un républicain : nouvel échec. En 69, nos républicains, dans ma circonscription, faisant le jeu des Orléanistes, j'ai dû m'abstenir. J'enrageais. Ils ont échoué, mais cela ne me consolait guère d'avoir, par leur fait, été privé de mon droit électoral. Quant au 8 mai, la question étant bien claire pour moi : *L'Empire ou pas d'Empire; la guerre ou pas de guerre!* j'ai résolûment voté NON. Non plus d'Empire! Non plus de guerre! Je me serais cru coupable en m'abstenant. Si je l'avais loyalement pu, j'aurais sept millions de fois voté NON. Mais je n'avais que ma voix, et tous ceux qui agissaient comme moi, ont échoué comme moi contre la majorité qui ne savait pas, ou ne voulait pas savoir, ou avait peur et n'aurait pas su dire de quoi elle avait peur.

J.-B. — Vous ne devez pas être grand partisan du suffrage universel.

F.-P. — Ma foi non, Jacques, pas du tout, si nous devons nous en servir encore comme on s'en est servi depuis vingt-deux ans. Car le bulletin de vote entre les mains d'un électeur ignorant ou insouciant, c'est l'arme au moyen de laquelle un pays se suicide.

J.-B. — Oh! oh! comme vous y allez! Que diraient de vous vos amis les républicains de 48 qui nous ont donné le suffrage universel?

F.-P. — Avant de m'inquiéter de ce que l'on peut dire, je m'inquiète de ce que je dois penser; et du reste, s'il était nécessaire de prouver que le suffrage universel, tel qu'il s'exerce, ne peut que se suicider, il suffirait de rappeler que quand le Président de la prétendue République de 48 rumina ce coup perfide qu'on appelle le Coup d'Etat, il rétablit le suffrage universel restreint par la très mauvaise loi du 31 mai. Depuis, quand on a vu ce même Président, devenu empereur, nous amener malgré nous au vote du 8 mai, on est en droit de dire que le suffrage universel n'est pas seulement une arme de suicide, Jacques, mais une arme d'assassin.

J.-B. — Que dites-vous là?

F.-P. — Rien que de vrai. Ah! tu crois qu'il n'y a d'assassin que celui qui manie le couteau? Saurais-tu compter combien d'Allemands, outre les Français, ont jusqu'au 1er septembre seulement, payé de leur vie, de leurs membres, de leur fortune, du repos de leurs familles, notre vote du 8 mai ! Vas, Jacques, vas parcourir ces champs de bataille d'Alsace et de Lorraine, vois ces fauchées de morts et de mutilés qui remplacent pour longtemps les vendanges et les moissons ! C'est ton vote du 8 mai qui les a ensemencés ces champs jadis si riants.

J.-B. — Vous le prenez ainsi ?

F.-P. — Peux-tu le prendre autrement ? Examine. Le vote du 8 mai rendait toute force à l'Empire, et l'Empire voulait la guerre. On te le disait, tu ne l'as pas cru. Tu ne t'es même plus représenté que quand on fait la guerre on la fait contre quelqu'un. Quoique nous ayons la réputation d'être un tas de Don Quichottes, nous n'allons pas nous battre contre des moulins à vent, mais contre des gens de chair et d'os. Aussi la guerre n'est-elle qu'une entreprise générale d'assassinats en grand. Il s'en suit que le vote du 8 mai a jusqu'au 1er septembre seulement, peut-être coûté la vie ou les membres à 50,000 Allemands, qui n'y pensaient guère, et qui comme nous laissaient bêtement leurs rois ou empereurs y penser pour eux.

J.-B. — Franchement, voisin, nous ne sommes pas seuls coupables. J'ai entendu des gens qui s'y connaissent aussi, dire que la Prusse désirait la guerre autant que la France.

F.-P. — La Prusse, c'est possible ; l'Allemagne,

j'en doute. D'ailleurs, la faute de l'un n'excuse pas la faute de l'autre. Quoi qu'il en soit, ce qui se passe depuis le 4 septembre donne raison, j'en conviens, à ceux qui prétendent que la Prusse désirait la guerre autant et même plus que la France. Mais cela, c'est une autre question; car il faudrait savoir ce que tu entends par la Prusse et même la France. Nous en reparlerons. En attendant, je pense que si la France, comme on dit, n'avait pas été si stupide que de prendre les devants, la Prusse ne nous aurait jamais déclaré la guerre et se serait morfondue sous le poids des préparatifs immenses et des formidables armements qui l'auraient épuisée. Or, si notre Empire a pu déclarer la guerre, c'est qu'il a pu croire que le vote du 8 mai lui rendait toute puissance. Voilà, je te le répète, ce qui me fait dire que le suffrage universel, tel que nous l'avons exercé, tel que nous courons risque de l'exercer encore, est, non-seulement une arme de suicide, mais une arme d'assassin.

J.-B. — Alors vous ne voulez plus du suffrage universel?

F.-P. — Ai-je dit qu'on ne peut pas l'exercer autrement? En vue d'un autre objet?

J.-B. — Comment pourrait-on l'exercer?

F.-P. — C'est ce qu'il serait utile de rechercher ensemble, et nous le ferons. Mais sois bien convaincu que quant à moi, s'il doit encore fonctionner comme nous l'avons vu depuis vingt ans, je ne voudrais pas m'en servir, quand je tiendrais moi-même toutes les influences, toutes les soupières, toutes les boîtes à double-fond.

J.-B. — Cependant...

F.-P. — Non, Jacques, avec les intentions les plus droites, les plus désintéressées, les plus patriotiques, je ne voudrais pas diriger le suffrage universel; je ne voudrais même pas influencer le vote d'un seul électeur.

J.-B. — Diable ! me voilà bien loin du conseil que j'attendais de vous.

F.-P. — Pas si loin que tu penses. Mais avant d'en reparler, lis et médite le petit morceau que voici : *Qu'est-ce que la France ?* Nous reparlerons alors du suffrage universel auquel je tiens, parce que je tiens à la République démocratique et sociale.

J.-B. — Je m'y perds.

F.-P. — Tu t'y retrouveras. A demain.

Qu'est-ce que la France?...

(15 août 1860).

Je m'entretenais de politique avec un amateur de diplomatie, et il m'expliquait longuement quels étaient, selon lui, *les intérêts de la France* en Italie et en Orient, et le rôle qu'elle y devait jouer. Il savait tout cela sur le bout du doigt. Ici la France devait interve-

nir, là annexer, là combattre la prépondérance de la
Russie et de l'Autriche. Cependant ses explications ne
me satisfaisaient point. Nous discutâmes longtemps
sans résultat, et je vis enfin que nous ne pourrions
jamais tomber d'accord.

— Si nous ne pouvons nous entendre sur les idées,
lui dis-je enfin, n'est-ce pas peut-être que nous ne nous
entendons pas sur le sens des mots eux-mêmes? Vous
m'avez exposé toute une théorie sur les intérêts de la
France. Mais qu'appelez-vous la *France?*

— Vous voulez plaisanter, sans doute. J'appelle la
France la France, et chacun sait ce que cela veut dire.

— Non, chacun ne le sait pas; mais venons au fait.
N'appelez-vous pas la *France*, lorsque vous parlez de
politique étrangère, le gouvernement qui a mission de
la représenter ?

— Oui, sans doute. Dans ses rapports avec d'autres
nations, son gouvernement est son unique représentant;
seul il a le droit de parler en son nom ; et je ne vois
pas qui on appellerait la France, si ce n'est lui.

— C'est précisément là que nous différons. Je pense
qu'il est toujours dangereux de confondre le représentant, quelque parfait qu'il soit, avec celui qu'il représente. Cela est d'autant plus dangereux, que ce représentant est plus puissant et plus apte à détourner à son
profit les pouvoirs qu'il a reçus. Le fait seul qu'on le
nomme simplement *représentant* indique que ses vo-

loutés, ses intérêts ne sont pas nécessairement identiques à ceux du corps représenté. Et où trouver un gouvernement qui soit placé sous un contrôle assez immédiat et assez incessant pour être le serviteur toujours obéissant, et comme le bras de la nation ?

Je sais que la confusion que vous venez de faire est faite à peu près par tout le monde. Vous ne pouvez ouvrir un journal ou un écrit politique sans y trouver le gouvernement français appelé à chaque page la France, et le gouvernement autrichien, l'Autriche. On y est tellement habitué que personne ne le remarque ; mais je n'en suis pas moins convaincu que c'est là un grand mal, et que cette confusion de termes a singulièrement aidé à confondre les idées et à fausser le jugement sur les questions politiques.

Je vais tâcher de vous le faire mieux comprendre : Je lis un matin dans mon journal (je cite au hasard) : « Un rapprochement s'est opéré entre *la Russie* et *la France*, qui est fort irritée de l'accroissement de l'*influence anglaise* en Orient. »

Peu après, je rencontre Jacques Bonhomme et lui dis, en style ordinaire, mettant de côté le langage diplomatique de mon journal :

— J'ai appris, Jacques, que tu es fort irrité de la conduite de l'Angleterre en Orient.

— Vraiment, répondit-il, qui vous a dit cela, et que fait-elle, l'Angleterre ?

— Mon journal assure qu'elle acquiert une prépondérance qui blesse tes intérêts, parce que ton influence sur la Porte.....

— *Mon* influence sur la Sublime-Porte !... Mais, mon cher monsieur, qui a pu débiter ces contes? Qui a osé dire que j'avais de l'influence sur le Sultan? Qui dit que les intérêts de l'Angleterre sont opposés aux miens? J'ai de grands intérêts en Orient, sans doute : j'y achète des fruits, j'y vends des étoffes; mais jamais les Anglais ne m'ont empêché de le faire. Ils me font, il est vrai, une rude concurrence ; mais autant en font mes compatriotes de Marseille et du Havre, et nous n'en sommes pas moins bons amis pour cela.

— Pardon, Jacques, le journal disait tout cela de la France, et je pensais que c'était de toi qu'il s'agissait.

Qu'est-ce que la France, en effet, sinon les 36 ou 38 millions d'individus qui composent la famille de Jacques Bonhomme? Et cependant, qu'est-ce que leurs intérêts ont de commun, je le demande au nom du bon sens, avec ce qu'on nomme les *intérêts de la France* en Orient et en Occident, au Nord et au Midi? Voici un diplomate qui leur représente que l'intérêt de la France est de faire de la Méditerranée un lac français. Mais n'est-elle pas déjà autant qu'ils le peuvent désirer un lac français, comme elle est le lac de tout le monde; comme l'air et le soleil sont l'air et le soleil de tout le monde? Que leur importe le reste? Que leur importent

le sintrigues qui livreront à l'influence de leur souverain
tel ou tel rivage ? — Un autre diplomate représente
tous les avantages que la France retirera d'un rema-
niement de la carte de l'Europe. Un autre expose la
nécessité qu'il y a pour elle de dominer dans telle ou
telle cour. Mais Jacques Bonhomme a beau se prendre
la tête dans ses deux mains, je le défie de voir ce qu'il
gagnera, *lui*, à ce que son gouvernement gouverne
celui de Turin ou de Madrid, ou à ce qu'il règne sur
les Savoyards, ou à ce qu'il obtienne telle principauté
pour telle dynastie. *Son gouvernemeut sera plus*
puissant, sans doute; et dut-il n'en retirer d'autre
avantage que le plaisir de dominer, il y a là de quoi
exciter son ambition. *Mais*, LUI, *Jacques*, il tire les
marrons du feu; et tout son profit, toute sa gloire est
de lire ensuite dans les journaux : « *Raton et moi*
nous avons mangé les marrons. » Eh bien, il faut le
dire, ce *nous* a sur lui une influence prodigieuse; ce
nous a pour lui un goût de marrons. Il s'imagine presque les avoir mangés. Tout bon juge qu'il est en général de ses intérêts personnels, ses idées sont absolument
troublées lorsqu'elles s'embarrassent de ce *nous* qui
représente ce qu'il nomme la France, mais qui n'est
certainement pas lui.

C'est à peu près ce qui a lieu dans les questions
d'organisatien commerciale. Un maître de forges se
présente et dit : « Mon travail est le travail *national;*

tout ce que je gagne, c'est la France qui le gagne; c'est vous, mes concitoyens, qui en profitez. Faites donc une loi qui protège mon industrie et me fasse vendre mon fer. » Jacques Bonhomme passe la loi, et achète le fer plus qu'il ne vaut; en d'autres termes, il paie le maître de forges pour l'encourager à un travail qui donne une perte constante, mais qui est national. Le maître de forges s'enrichit, et Jacques Bonhomme se persuade que la France s'enrichit, et lui, par conséquent, qui est la France. Que dit aussi le gouvernement, sinon : « Mon travail est national, encouragez-le. Tout ce que je gagne, c'est vous qui l'acquérez; toute l'influence que j'acquiers, c'est à votre profit qu'elle s'exerce. Donnez-moi des armées, votez-moi des subsides. »

On obéit, et lorsqu'il a dépensé beaucoup d'armées et beaucoup de subsides, on le proclame grand, comme ces manufacturiers qui ont rendu d'éminents services à l'industrie nationale. — Paul-Louis Courier avait raison de dire : « Dieu me garde du malin et de la métaphore. »

Il y a cependant ici plus que de la métaphore. Le vice dans le raisonnement a des racines profondes dans le vice des institutions et des mœurs politiques. Si les gouvernements réclament encore le *droit au travail*, et si leurs prétentions paraissent encore aujourd'hui si solides que personne n'ose en mettre en doute la justice, c'est que nous sommes encore des enfants dans la vie de la liberté.

Le temps n'est pas loin de nous où, du consentement général, les peuples étaient faits pour les gouvernements, non les gouvernements pour les peuples. Nous voyons encore dans les tragédies de Shakespeare les rois et les reines s'appeler *France*, *Angleterre*, *Norwège*, comme un noble prend le nom de *sa terre;* le royaume n'était que la *terre du roi*. Cette manière de voir était si bien ancrée dans les esprits, que nous la trouvons, même au siècle dernier, chez les plus ardents apôtres des réformes. Ils recommandaient aux princes l'humanité, l'amour de la paix. Mais, leur disaient-ils : « Voilà ce que vous devez *à la nation*, voilà quels sont *ses droits?* » Non, ils disaient : « Voilà ce que vous devez *à la gloire de votre trône*. La prospérité des peuples fait la force des Etats. La bonne administration vous donnera plus de pouvoir que la violence. »

Les institutions, les idées, les mœurs ont changé depuis lors; et le principe est aujourd'hui fermement établi dans toute l'Europe civilisée que, pour toute la politique intérieure, c'est la nation, non le souverain, qui a droit au titre de France ou d'Angleterre ou d'Autriche; que c'est le bien public, et non la gloire ou le pouvoir du prince qui est l'objet du gouvernement des nations. La légitimité, dans notre siècle, c'est que justice soit faite à tous les individus dont se compose le peuple. Mais si nous tournons vers la politique extérieure, nous voyons l'ancien état de choses durer avec une tenacité singulière. La distinction qui s'est établie partout ailleurs entre les droits du souverain et ceux de la nation, et a fait ressortir ceux-ci dans toute leur grandeur, n'a pas encore triomphé de l'ancienne confusion. *La gloire et les intérêts du souverain, sous le nom de gloire et d'intérêts de l'empire, sont encore le grand objet de la politique.* Les nations elles-mêmes en reconnaissent la légitimité, et se résignent à être les instruments dociles de l'ambition de leurs maîtres. Lorsque leur souverain dit : « *Notre prépondérance en Orient et nos intérêts en Cochinchine,* » ils répètent avec lui : « NOTRE *prépondérance* et NOS *intérêts.* » Cette prépondérance n'ajoute certes rien à leur pouvoir; ces intérêts sont peut-être directement contraires aux leurs; peut-être la guerre, faite pour les soutenir, est-elle funeste à leur prospérité, et ses triomphes mêmes sont-ils, comme jadis ceux de Louis-le-Grand et de tant d'autres, de véritables désastres pour la masse du peuple. Mais ici le gouvernement s'appelle encore la France et il en a conservé tout le prestige; le peuple ne pense pas qu'il puisse trop ajouter à sa grandeur et à ses conquêtes. Parlant de lui, il dit: « NOUS AVONS TRAITÉ, NOUS AVONS DÉCLARÉ LA GUERRE; lorsqu'il serait presque aussi raisonnable de dire: NOUS NOUS SOMMES MIS A LA TORTURE, NOUS

NOUS SOMMES CONDAMNÉS AU DERNIER SUPPLICE. » C'est pour cela que nous voyons encore tant de mauvaise politique, tant de violences, tant d'ambition, tant d'intrigues, et que les diplomates sont encore constamment assemblés autour de leur tapis vert à se disputer prépondance et provinces, à l'aide de pouvoirs qui n'appartiennent de droit à aucun d'eux. Les nations, seules propriétaires légitimes de ces pouvoirs, — et qui avaient le droit de réclamer qu'ils fussent employés à leur profit, non à celui de leurs gouvernements, au progrès général, et non à la guerre, à créer et non à détruire, n'ont pas encore su faire usage de ce droit. *Elles se réjouissent comme autrefois de la grandeur et de la puissance de leurs maîtres, sans avoir découvert encore que cette puissance témoigne de leur propre faiblesse et de leur abaissement.* Souverains et diplomates ont donc conservé, comme ils le disent, *les grandes traditions* de Louis XIV et de Frédéric de Prusse. Ils les conserveront aussi longtemps que les nations n'auront pas appris à dire: Moi *la nation française et* LUI *mon gouvernement,* MOI *la nation autrichienne et* LUI *mon gouvernement* ; MOI *la nation russe et* LUI *mon gouvernement.*

Cette distinction est l'a, b, c d'une politique internationale libérale et juste. CHARLES CLAVEL.

II.

J.-B. — J'ai lu votre article, voisin, et je le garde.

F.-P. — Alors tu l'as bien compris ?

J.-B. — C'est simple comme bonjour. Il y a long-temps que je pensais tout cela.

F.-P. — Il en est toujours ainsi, Jacques, quand on nous parle avec bon sens. Garde donc cet article et le relis souvent ; car ce M. Clavel nous a donné-là un vrai claveau de voûte, bien équarri, bien mesuré, qui entre comme un coin dans notre cervelle et s'y tient fixe.

J.-B. — C'est bien cela. Il me semble que je n'oublierai jamais plus ce que je viens de lire.

F.-P. — D'accord avec ce M. Clavel, tu comprends donc bien maintenant qu'il y a une différence à faire entre la France et les Français.

J.-B. — Parfaitement. La France, c'est le gouvernement ; les Français, ce sont les gouvernés. C'est pourquoi je vous disais : c'est simple comme bonjour.

F.-P. — Comprends-tu, de même, qu'un gouvernement ne devrait être que le serviteur des gouvernés ? l'administrateur de leurs intérêts !

J.-B. — Sans doute. Sinon, quelle serait la raison d'être d'un gouvernement ?

F.-P. — C'est aussi ce que je me demande. Or, quand on voit un pays changer de gouvernement comme de chemise, ainsi que nous le faisons depuis 80 ans, ne serait-ce pas parce que les gouvernés trouvent que le gouvernement n'est pas l'expression de leurs intérêts ?

J.-B. — Il faut bien que cela soit, car les révolutions ne sont pas des parties de plaisirs.

F.-P. — Quand un gouvernement n'est pas l'agent exclusif de l'intérêt des gouvernés, ne serait-ce pas qu'il a son intérêt particulier ?

J.-B. — C'est évident.

F.-P. — Alors, ne penses-tu pas aussi qu'un gouvernement, quand il ne se compose que d'une fraction, minime ou forte, des gouvernés, doit avoir un intérêt, non-seulement, différent, mais contraire à celui des gouvernés ?

J.-B. — Il me semble qu'il n'en peut pas non plus être autrement.

F.-P. — Evidemment. Car lorsqu'une fraction se sépare de l'ensemble et s'arroge le droit de le gouverner, c'est qu'elle a un intérêt particulier qui, selon elle, ne serait pas satisfait dans la mesure immodérée de ses appétits, si l'ensemble gouvernait.

J.-B. — Si l'ensemble gouvernait. Mais comment ?

F.-P. — Patience. Quelle conclusion tires-tu de ceci ? Nous sommes en quête d'un nouveau gouvernement, devons-nous encore confier l'administration de nos intérêts à telle ou telle autre fraction de la nation ?

J.-B. — Non, puisqu'elle aurait nécessairement un intérêt tout autre que le nôtre, que l'intérêt général.

F.-P. — Alors, si dorénavant aucune fraction ne doit plus gouverner; si nous repoussons légitimistes, orléanistes, bonapartistes, républicains bleus, républicains rouges, et tout rayon isolé de l'arc-en-ciel républicain, que reste-t-il ?

J.-B. — Il ne reste plus que tout le monde.

F.-P. — Tu l'as dit, et tu comprends ainsi que je dois tenir au suffrage universel et pourquoi j'y tiens.

J.-B. — C'est tout simple.

F.-P. — Et tu comprends aussi pourquoi j'appelle démocratique et sociale la République à laquelle je tiens, parce que cela signifie : gouvernement de tout le monde dans l'intérêt de tout le monde, de toute la société.

J.-B. — Je vous l'ai déjà dit, de cette République-là j'en suis.

F.-P. — Oui, c'est tout l'arc-en-ciel à la fois. Je ne veux plus qu'une seule couleur domine, pas même le rouge, car je ne veux plus de révolutions.

J.-B. — Nos révolutions viennent-elles bien véritablement de là ?

F.-P. — Regardes-y ; tu verras que toutes nos révolutions ne sont en réalité que la substitution d'une fraction de la nation à une autre fraction, souvent même on ferait mieux de dire : faction.

J.-B. — Vous pourriez bien avoir raison.

F.-P. — Je t'assure que j'ai raison, Jacques. Car

depuis les premiers essais de la grande Révolution, jamais la nation n'a gouverné, et jamais elle n'a moins gouverné que sous le gouvernement de Décembre qui s'appuyait pourtant sur le suffrage universel. Tous nos gouvernements n'ont été que des fractions, et le dernier en particulier une ignoble faction.

J.-B. — Comment cela a-t-il été possible?

F.-P. — D'abord, par cela seul peut-être que nous avons sottement perdu de vue ce que la première Constituante avait si bien recommandé à nos méditations : La Déclaration des droits et des devoirs de l'homme et du citoyen.

J.-B. — J'avoue que moi-même...

F.-P. — Tu ne la connais pas ?

J.-B. — Non.

F.-P. — Tu ne la connais pas, toi, pour qui surtout elle a été faite, malheureux Jacques Bonhomme !

J.-B. — Non, je l'avoue.

F.-P. — Tu ne la connais pas et tu veux être électeur !

J.-B. — Ne vous fâchez pas, je la lirai.

F.-P. — Et tu l'apprendras par cœur, pas plus tard que tout à l'heure, sinon je ne te parle plus.

J.-B. — Je vous le promets.

F.-P. — Et tu la feras apprendre à tes enfants. Il faut que le père la lègue à son fils. Ce n'est pas un évangile après lequel tout est dit et qu'il faut tel quel prendre à la lettre; mais nous avons encore longtemps à vivre avant de trouver mieux. Aujourd'hui c'est encore comme en 91 notre point de départ. ·

J.-B. — Que dit-elle en résumé ?

F.-P. — Que selon la nature tous les hommes sont libres, égaux et frères, et que tout ce qui dans nos lois et nos institutions n'est pas d'accord avec ce principe doit être rejeté. ·

J.-B. — Cela me semble juste. Mais l'oubli de cette déclaration a-t-il seul pu permettre qu'une fraction ou faction ait pu s'arroger le droit de gouverner toute la nation et de la représenter ?

F.-P. — Oui, du jour où chaque fraction ou faction a su profiter de l'occasion et faire accroire que son intérêt particulier était l'intérêt même de toute la nation. Cependant cela n'était jamais vrai, et nos révolutions, toutes faites, sauf la dernière, contre la fraction qui tenait le pouvoir par la fraction qui voulait l'usurper et que quinze ans plus tard une nouvelle révolution devait convaincre de mensonge, en sont une preuve irréfutable.

J.-B. — Comment diable avons-nous été assez stupides pour nous laisser ainsi berner de révolution en révolution ?

F.-P. — Comment ? Mais tu vas prochainement en faire l'expérience, mon pauvre Jacques, quand on nous convoquera tous, demain peut-être, pour élire une Constituante. On te répètera sur tous les tons : Jac-

-ques Bonhomme, tu es roi ! — Oui, Jacques, tu es roi... aujourd'hui ! mais demain ? Vote... et abdique.

J.-B. — Vote... et abdique ! Vous croyez que telle sera la conséquence du prochain vote ?

F.-P. — Quelle autre peux-tu espérer si le suffrage universel fonctionne encore comme il a fonctionné depuis vingt ans ?

J.-B. — Mais il n'y aura plus de pression administrative, plus d'influence officielle.

F.-P. — Tu crois ? Si tu es débarrassé de l'empereur, es-tu débarrassé des gardes-champêtres, gardes-chasse, commissaires et agents, juges de paix et maires, et de tout le haut et bas monde administratif, de la coalition de tous les grands intérêts individuels ou intérêts de partis ? N'es-tu pas encore sous la main de tous ceux qui te tenaient, qui te menaient, quand tu croyais n'être tenu et mené que par l'Empereur ?

J.-B. — Mais les hommes qui en ce moment sont à la tête ne permettront pas....

F.-P. — D'accord. Si l'on peut parfois reprocher aux hommes qui dirigent nos affaires en ce moment critique, l'incapacité, et surtout le manque de décision, il faut reconnaître qu'ils cherchent sincèrement le bien du pays. Ah ! s'ils avaient seulement le petit doigt de Danton ! Si après avoir eu plus d'audace que Danton quant au but, ils avaient eu la même audace quant aux moyens ! Mais devant les moyens ils ont hésité, ils ont même reculé quand on les leur a montrés. Eux-mêmes n'ont pas su se débarrasser de la pieuvre administrative, et tu crois que pour toi, Jacques, il n'y anra plus de pression administrative le jour du vote, sans parler de toutes les autres pressions ? Veux-tu parier, Jacques, que si demain on votait pour l'Empire ou la République, la majorité se prononcerait encore pour l'Empire, même avec Napoléon III ?

J.-B. — Mais ce serait épouvantable !

F.-P. — Je ne dis pas non.

J.-B. — Et vous le croyez vraiment ?

F.-P. — D'autres que moi le croient et en sont même très convaincus, mais ils n'osent pas, ou plus malins, ne veulent pas le dire. Ils se contentent de réclamer ou de combattre la convocation immédiate d'une Constituante et ne disent pas pourquoi.

J.-B. — Et vous accepteriez ce vote ? Vous le trouveriez juste ?

F.-P. — Je le subirais comme on subit la force, en le trouvant aussi injuste que brutal.

J.-B. — Injuste ? Cependant, j'entends toujours dire que la majorité fait loi, que la majorité est la loi des républiques.

F.-P. — La majorité fait la loi, nous ne le savons que trop ; mais la majorité ne fait pas la justice. Elle fait plutôt le contraire ; vingt ans d'empire en sont la preuve. La majorité n'est que la force. Mais nous ne sommes pas de ceux qui disent : *la force prime le droit.* Nous disons au contraire : *le droit prime la force, le droit prime tout.* Le droit reste le droit, même quand il succombe; quand la force succombe on ne voit plus en elle que ce qu'elle est réellement : une infamie ou une ineptie. Les victoires de la force et les victoires du droit sont fécondes les unes et les autres : celles-ci en actes de justice qui en engendrent toujours de nouveaux; celles-là en crimes sans termes qui provoquent représailles sur représailles. Rappelle-toi toujours les vingt ans d'empire dûs au vote du 10 décembre 48, arrière-rejeton de ce qu'on appelait la gloire du premier empire ; rejeton qui, à son tour, produisit le vote du 8 mai, qui engendra la guerre, qui engendra l'invasion, qui, si les Allemands n'y prennent garde, aveuglés qu'ils sont par leur force en 1870, comme nous étions aveuglés par la nôtre en 1808, engendrera une longue suite de guerres pour nos enfants et pour les leurs. — Que penses-tu maintenant, Jacques, de la justice des majorités ?

J.-B. — Ma foi ! je pense que la majorité est passablement bête !

F.-P. — Tu ne mâches pas les mots, mais tu as tort, Jacques, très grand tort. Car s'il y a ici bêtise, la bêtise est à la minorité, aux hommes de droit et d'intelligence.

J.-B. — Oh ! pour le coup, je dis encore comme hier, je m'y perds.

F.-P. — Et comme hier, je te dis encore, tu t'y retrouveras. A demain, Jacques, et n'oublie pas d'apprendre par cœur *la Déclaration des droits et des devoirs de l'homme et du citoyen.*

Déclaration des Droits de l'Homme et du Citoyen.

Les Représentants du peuple français, constitués en Assemblée nationale, considérant que l'ignorance, l'oubli ou le mépris des droits de l'homme sont les seules causes des malheurs publics et de la corruption des gouvernements, ont résolu d'exposer, dans une déclaration solennelle, les droits naturels, inaliénables et sacrés de l'homme, afin que cette déclaration, constamment présente à tous les membres du corps social, leur rappelle sans cesse leurs droits et leurs devoirs ; afin que les actes du pouvoir législatif et ceux du pouvoir exécutif, pouvant être à chaque instant comparés avec le but de toute institution politique, en soient plus respectés ; afin que les réclamations des citoyens, fondées désormais sur des principes simples et incontestables, tournent toujours au maintien de la constitution et au bonheur de tous.

En conséquence, l'Assemblée nationale reconnaît et déclare, en présence et sous les auspices de l'Être suprême, les droits suivants de l'homme et du citoyen :

Art. 1er. Les hommes naissent et demeurent libres

et égaux en droits. Les distinctions sociales ne peuvent être fondées que sur l'utilité commune.

2. Le but de toute association politique est la conservation des droits naturels et imprescriptibles de l'homme. Ces droits sont la liberté, la propriété, la sûreté et la résistance à l'oppresion.

3. Le principe de toute souveraineté réside essentiellement dans la nation ; nul corps, nul individu ne peut exercer d'autorité qui n'en émane expressément.

4. La liberté consiste à pouvoir faire tout ce qui ne nuit pas à autrui : ainsi l'exercice des droits naturels de chaque homme n'a de bornes que celles qui assurent aux autres membres de la société la jouissance de ces mêmes droits. Ces bornes ne peuvent être déterminées que par la loi.

5. La loi n'a le droit de défendre que les actions nuisibles à la société. Tout ce qui n'est pas défendu par la loi ne peut être empêché, et nul ne peut être contraint à faire ce qu'elle n'ordonne pas.

6. La loi est l'expression de la volonté générale. Tous les citoyens ont droit de concourir, personnellement ou par leurs représentants, à sa formation. Elle doit être la même pour tous, soit qu'elle protège, soit qu'elle punisse. Tous les citoyens étant égaux à ses yeux, sont également admissibles à toutes dignités, places et emplois publics, selon leur capacité, et sans autre distinction que celle de leurs vertus et de leurs talents.

7. Nul homme ne peut être accusé, arrêté, ni détenu que dans les cas déterminés par la loi et selon les formes qu'elle a prescrites. Ceux qui sollicitent, expédient, exécutent ou font exécuter des ordres arbitraires, doivent être punis ; mais tout citoyen appelé ou saisi en vertu d'une loi, doit obéir à l'instant ; il se rend coupable par la résistance.

8. La loi ne doit établir que des peines strictement et évidemment nécessaires, et nul ne peut être puni qu'en vertu d'une loi établie et promulguée antérieurement au délit, et légalement appliquée.

9. Tout homme étant présumé innocent jusqu'à ce qu'il ait été déclaré coupable, s'il est jugé indispensable de l'arrêter, toute rigueur qui ne serait pas nécessaire pour s'assurer de sa personne doit être sévèrement réprimée par la loi.

10. Nul ne doit être inquiété pour ses opinions, même religieuses, pourvu que leur manifestation ne trouble pas l'ordre public établi par la loi.

11. La libre communication des pensées et des opinions est un des droits les plus précieux de l'homme : tout citoyen peut donc parler, écrire, imprimer librement, sauf à répondre de l'abus de cette liberté dans les cas déterminés par la loi.

12. La garantie des droits de l'homme et du citoyen nécessite une force publique ; cette force est donc instituée pour l'avantage de tous, et non pour l'utilité particulière de ceux auxquels elle est confiée.

13. Pour l'entretien de la force publique, et pour les dépenses d'administration, une contribution commune est indispensable, elle doit être également répartie entre tous les citoyens, en raison de leurs facultés.

14. Tous les citoyens ont le droit de constater, par eux-mêmes ou par leurs représentants, la nécessité de la contribution politique, de la consentir librement, d'en suivre l'emploi, et d'en déterminer la quotité, l'assiette, le recouvrement et la durée.

15. La société a le droit de demander compte à tout agent public de son administration.

16. Toute société dans laquelle la garantie des droits n'est pas assurée, ni la séparation des pouvoirs déterminée, n'a point de constitution.

17. La propriété étant un droit inviolable et sacré, nul ne peut en être privé, si ce n'est lorsque la nécessité publique, légalement constatée, l'exige évidemment, et sous la condition d'une juste et préalable indemnité.

Constitution française.

L'Assemblée nationale voulant établir la constitution française sur les principes qu'elle vient de reconnaître et de déclarer, abolit irrévocablement les institutions qui blessaient la liberté et l'égalité des droits.

Il n'y a plus ni noblesse, ni pairie, ni distinctions héréditaires, ni distinctions d'ordre, ni régime féodal, ni justices patrimoniales, ni aucun des titres, dénominations et prérogatives qui en dérivaient, ni aucun ordre de chevalerie, ni aucune des corporations ou décorations, pour lesquelles on exigeait des preuves de noblesse, ou qui supposaient des distinctions de naissance, ni aucune autre supériorité, que celle des fonctionnaires publics dans l'exercice de leurs fonctions.

Il n'y a plus ni vénalité, ni hérédité d'aucun office public.

Il n'y a plus, pour aucune partie de la nation ni pour aucun individu, aucun privilége ni exception au droit commun de tous les Français.

Il n'y a plus ni jurandes, ni corporations de professions, arts et métiers.

La loi ne reconnaît plus ni vœux religieux, ni aucun autre engagement qui serait contraire aux droits naturels ou à la constitution.

(Suit le texte de la Constitution que nous étudierons à part).

III.

J.-B. — Décidément, voisin, je m'y perds. J'ai réfléchi à tout ce que vous m'avez dit hier et je retombe toujours au même résultat : Mon brave voisin le Franc-Parleur n'est pas partisan du suffrage universel qui

qui nous a donné l'empire et la guerre et nous les donnerait encore ; — cependant il n'est pas partisan non
plus des fractions politiques qui ont jusqu'ici gouverné
le pays, ou voudraient encore le gouverner ; — il veut le
gouvernement du pays par tout le pays, quoiqu'il m'ait
forcé à dire que la majorité, dont j'ai fait partie, n'est
qu'une bête ; — puis il prétend tout à coup que la bête,
si bête il y a, c'est la minorité dont il fait partie.

F.-P. — Jacques, tu as une drôle de manière de résumer nos causeries.

J.-B. — N'est-ce pas cela ?

F.-P. — Oui — et non.

J.-B. — Oui — et non ? Voyons, voisin, je ne puis
penser que vous plaisantez.

F.-P. — Je ne plaisante pas. Sur ces matières je ne
plaisante jamais, même quand j'en ai l'air. Si parfois
je ris, je ris, comme on dit, des grosses dents. Peut-on
rire de faits qui entachent à jamais notre histoire et
qui maintenant font succéder le deuil à la honte ? Non,
Jacques, je ne ris pas ; mais je dis que tu as une drôle
de manière de résumer nos causeries ; et si tu vas les
rapporter à d'autres comme tu viens de le faire à moi,
tu me feras une belle réputation.

J.-B. — Ai-je inventé ? N'avez-vous pas dit tout
ce que je rapporte ?

F.-P. — Tu n'as rien inventé ; tout ce que tu rap-
portes je l'ai dit ; mais tu fais aussi mal que d'inven-

ter, — tu oublies. Tu ne sais pas, il est vrai, qu'en isolant une phrase d'un discours honnêtement pensé on peut faire pendre le plus honnête penseur du monde.

J.-B. — Je ne veux pas vous faire pendre. Qu'ai-je donc oublié?

F.-P. — Tu oublies que si je rejette le suffrage universel, c'est que je crains de le voir fonctionner encore comme depuis vingt ans.

J.-B. — Mais puisqu'il n'y a plus d'influence officielle, plus de pression administrative? Car vous avez vous même rendu hommage à l'honnêteté des hommes qui en ce moment nous dirigent.

F.-P. — Cela nous sauve-t-il de tout danger?

J.-B. — On disait que de là venait tout le mal.

F.-P. — Tout le mal? Ne crois pas cela, Jacques. Beaucoup de mal, oui; mais tout le mal, non, et surtout pas le plus grand mal.

J.-B. — Expliquez-vous.

F.-P. — Suppose qu'on nous convoque demain pour élire une Constituante. Sais-tu mieux aujourd'hui qu'en 48, sais-tu mieux qu'au 8 mai, pour qui, pour quoi tu vas voter?

J.-B. — Ma foi non; et c'est précisément à ce sujet, vous le savez, que je venais vous demander conseil.

F.-P. — Et que j'ai dit n'avoir pas de conseil à te donner, parce que moi-même, je ne sais ni pour qui, ni pour quoi, nous aurons à voter.

J.-B. — Ponr qui ? Pour quoi ?

F.-P. — Tu comprends bien la différence, Jacques ?
Si nous avions à voter pour *quelque chose*, oh ! alors
je saurais ce que je dois faire, je t'expliquerais mon
vote, et tu en userais selon ton bon sens; mais dès
qu'il faut voter pour *quelqu'un*, Jacques, je n'ai plus
de conseil à te donner !

J.-B. — Quoi ! Pas même s'il s'agissait de ?...

F.-P. — Pas de nom, Jacques ; les personnalités
nous troubleront toujours l'esprit. Je le répète, s'il
faut voter pour *quelqu'un*, je n'ai aucun conseil à te
donner !

J.-B. — Que résoudre alors ? Car on nous fera bien
certainement voter pour quelqu'un.

F.-P. — On a souvent rapporté ce mot d'un ancien
roi de France, aussi paillard que batailleur :

> Souvent femme varie,
> Bien fol est qui s'y fie !

Ce mot est plus vrai de l'homme que de la femme.
La femme varie rarement, quand on lui est fidèle ;
mais les hommes trompent sans scrupule leurs plus
fidèles amis ; et nous avons été trompés tant de fois et
si cruellement, sans remonter bien haut et sans chercher bien loin, qu'aujourd'hui le premier devoir du
républicain est de se méfier de tout le monde.

J.-B. — C'est triste.

F.-P. — C'est prudent, et s'il faut encore voter

pour quelqu'un, voilà le seul conseil que j'aie à te donner et je te le donne du fond du cœur.

J.-B. — Vous n'êtes pas encourageant.

F.-P. — Au contraire, car cela doit t'encourager à voter pour quelque chose.

J.-B. — Vous croyez que si nous avions à voter pour quelque chose, nous saurions mieux ce que nous aurions à faire ?

F.-P.— Certainement, Jacques ; à tel point qu'alors j'aurais pleine confiance dans la majorité, et je dirais la majorité fait loi.

J.-B. — Ah! voyons cela.

F.-P. — Tu vas encore dire : C'est simple comme bonjour. — Allons, Jacques, je t'appelle au vote : Veux-tu être rossé par Paul ou bien par Pierre?

J.-B. — Mais je ne veux pas être rossé du tout!

F.-P. — Tu sors de la question. Il ne s'agit pas que tu veuilles ou ne veuilles pas être rossé ; il est convenu que tu seras rossé, et il faut choisir si c'est Pierre ou si c'est Paul qui te rossera.

J.-B. — Que voulez-vous que je réponde ?

F.-P. — Pour éclairer ton vote, j'ajoute, parce que je connais Pierre et Paul que tu ne connais peut-être pas : Paul tapera plus longtemps, Pierre tapera plus dur !

J.-B. — Mais je leur casserai les reins.

F.-P. — C'est aussi ce que depuis 80 ans nous faisons consciencieusement tous les 15 ans plus ou moins, quand nous trouvons que les rosseurs de notre choix nous ont rossés assez longtemps ou assez fort. Mais tu ne me réponds pas. Nous avons tant de fois voté pour Pierre ou Paul en politique que tu peux bien une fois de plus me dire si tu préfères être rossé faiblement mais plus longtemps par Paul, ou moins longtemps mais plus dur et plus dru par Pierre?

J.-B. — Franchement, je ne peux pas vous répondre.

F.-P. — Alors, tu t'abstiens ?

J.-B. — Naturellement.

F.-P. — Et moi je ne peux pas te dire que tu feras sagement de t'abstenir en politique quand nous aurons à voter pour Pierre ou Paul. Car la majorité votera, et tu seras rossé, comme je considère avoir été rossé quand j'ai voté contre l'empire et quand je me suis abstenu.

J.-B. — Belle position !

F.-P. — C'est la nôtre, Jacques, en présence de cette nécessité : Voter pour une Constituante, c'est-à-dire pour des Constituants, c'est-à-dire pour Pierre ou Paul. — Mais maintenant je te pose autrement la question : Veux-tu, oui ou non, être rossé?

J.-B. — Non, mordieu !

F.-P. — Tu vois bien, Jacques : ici tu votes pour quelque chose, tu sais à quoi t'en tenir, et chacun le saurait de même.

J.-B. — S'il s'agit d'être rossé, certainement ; mais en politique ?

F.-P. — C'est tout aussi simple. Tout dépend de la question qui nous est posée : *Quelqu'un* ou *quelque chose*; et quand il s'agit de *quelque chose*, la seule condition est que la question soit posée de manière que nous puissions répondre par *oui* ou par *non*, sans crainte de déception. Admets-tu comme juste que tout le monde doit au pays le service militaire ?

J.-B. — Oui.

F.-P. — Eh bien ! Jacques, est-il difficile de voter ?

J.-B. — Eh quoi ! ce serait-là tout ?

F.-P. — Rien de plus, et la question étant ainsi clairement, nettement posée, je serais le premier à dire : La majorité fait loi. Je m'y soumettrais sincèrement si j'étais dans la minorité ; car je sais que sur des questions bien posées, la minorité d'aujourd'hui, si elle est plus intelligente, devient forcément la majorité de demain. Dès lors, nous sortons du chemin plein d'ornières des soubresauts politiques, pour rouler paisiblement sur le grand chemin des réformes progressives. Il n'est plus alors question de résignation ; il n'est question que de patience, et l'on arrive toujours au but.

J.-B. — Bien poser la question ! A demain, voisin, je vais y réfléchir.

F.-P. — A demain, Jacques, la nuit porte conseil. *Quelqu'un ou quelque chose, tout est-là.*

IV.

J.-B. — Salut et Fraternité, voisin ! *Quelqu'un ou quelque chose,* j'y ai bien réfléchi. Oui, oui, c'est simple comme bonjour. *Quelqu'un ou quelque chose. Tout est là.*

F.-P. — Nos profonds politiques diraient : *To be or not to be, that is the question.*

J.-B. — Parlez comme vous pensez, voisin, en bon français.

F.-P. — Je ne suis pas bon Français, Jacques.

J.-B. — Vous ? Pas possible ! Qu'êtes-vous donc ?

F.-P. — Français, mais nullement bon Français, comme tu l'entends. Je ne suis d'aucun parti, je ne suis d'aucun pays. Mais à chaque jour son œuvre. En attendant reprenons. Les mots que tu ne comprenais pas signifient : *Etre, ou ne pas être, voilà la question.* Et je t'assure que quand il s'agira d'élire une Constituante toute la question sera : *Etre enfin quelque chose ou n'être rien du tout.* Or, malgré les célèbres paroles d'un franc parleur de 89 qui ne sut pas rester franc parleur jusqu'au bout, malgré ces paroles tant de fois citées : *Qu'est-ce que Jacques Bonhomme ? Rien. — Que doit-il être ? Tout.* — Je t'assure, mon pauvre Jacques, que tu n'es encore rien du tout, quoique tu sois électeur, ou plutôt parce que tu es électeur.

J.-B. — Me donnez-vous encore un sujet de réflexion, ou allez-vous tout de suite m'expliquer votre *quoique* et votre *parce que?*

F.-P. — Réfléchis, Jacques. Réfléchis à l'arme de suicide et à l'arme d'assassin, et pour le moment tenons-nous à notre *quelqu'un* ou *quelque chose.*

J.-B. — Alors dites-moi comment vous appliqueriez votre *quelqu'un* ou *quelque chose* dans la circonstance où l'on va prochainement faire appel au suffrage universel.

F.-P. — Rien de plus simple, Jacques : *Quelqu'un, c'est le Constituant; quelque chose, c'est la Constitution.*

J.-B. — Mais cette Constitution, où est-elle ?

F.-P. — Elle te crève les yeux, malheureux.

J.-B. — Je ne vois pas.

F.-P. — Regarde-toi au miroir et tu la verras. Mais patience. Tu aimes à réfléchir, Jacques ; réfléchis donc. — Parlons en attendant de deux votes maintenant historiques. Le vote du 23 avril 48 pour la Constituante, et le vote déjà si loin de nous, bien que tout récent, du 8 mai. Je t'ai hier posé une hypothèse, que les gens sérieux trouveront saugrenue. Je tiens à leur prouver que je n'avais nullement envie de plaisanter en te demandant si tu veux être rossé par Pierre ou Paul, et que je suis plus sérieux que le plus grave d'entre eux. Parlons d'abord du vote du 8 mai.

J.-B. — J'aimerais mieux n'en jamais plus parler.

F.-P. — Pourquoi ? Parce qu'il te pèse sur la conscience ? Tant mieux, Jacques ; raison de plus pour en parler. N'oublie jamais dans quel termes était posé le plébiscite du 8 mai ; n'oublie jamais le jésuitique placard des derniers jours : *Oui* signifie acceptation de la Constitution de 70, *non* retour à la Constitution de 52. Cela ne signifiait-il pas : *Oui* être rossé par Paul, *non* être rossé par Pierre ; en résumé pour toi, toujours rossé ?

J.-B. — C'est vrai ! C'est ma foi vrai ! Mais on interpréta autrement aussi ce plébiscite.

F.-P. — Oh ! oui. Il était élastique et chacun pouvait le tirer à sa guise. Ainsi tous ceux qui ont voté oui comprenaient comme moi : non plus d'empire ! non plus de guerre ! mais des réformes progressives ! De leur côté, tous les bergers qui votaient oui et faisaient voter oui par leurs troupeaux (note bien que je dis *troupeaux* et *bergers* par politesse, ne sachant comment nommer ces *bergers*, le nom de *bouchers* étant encore trop doux pour eux), tous ceux-là proclamaient que voter *oui* c'était voter pour la paix, contre la révolution, contre les partageux. Qui avait raison, Jacques ?

J.-B. — Ceux qui votaient *non*.

F.-P. — Que trop raison ! plus raison que tu ne penses ! Tu le verras pleinement à la liquidation de la guerre. Mais vous n'avez pas voulu nous croire. Nous vous disions : Si vous raffermissez ce gouvernement du mensonge, qui après avoir dit : *l'empire c'est la paix*, nous a prouvé année par année que *l'empire c'est la guerre*, avant trois mois vous avez la guerre; il la cherche, il la désire; elle lui est nécessaire pour noyer dans les nouveaux frais de guerre ses dilapidations de vingt ans. Les trois mois n'étaient pas écoulés que nous étions déjà battus. Heureusement, l'empire était plus battu que nous; il roulait vers sa ruine en se montrant sous ses véritables traits : *l'empire, c'est l'invasion*. Aussi le nom de *Invasion III* sera-t-il l'épithète historique de cet empire. Maintenant, votez encore pour lui, et vous voterez pour *Invasion IV*.

J.-B. — Mais qu'aurait-on dû faire au 8 mai?

F.-P. — Ce qui est fait, est fait; inutile alors de rechercher ce qu'on aurait dû faire. Mais nous en pouvons retenir un enseignement. A toute question mal posée, l'homme raisonnable devrait hausser les épaules et s'abstenir.

J.-B. — Cependant, vous-même, vous ne vous êtes pas abstenu.

F.-P. — Je n'ai pas la prétention d'être toujours raisonnable, encore moins infaillible; je ne suis pas le pape; et d'ailleurs, celui-ci même en commettant cette lourde bévue de se proclamer infaillible, vient de rappeler au monde entier que nul homme n'est infaillible, à commencer par le pape.

J.-B. — N'importe, je voudrais bien savoir ce qui vous a fait renoncer à l'abstention.

F.-P. — Renoncer, tu dis vrai, car m'abstenir était ma première intention et celle des plus sincères républicains. Mais tout en approuvant ceux qui, jusqu'au bout, ont recommandé l'abstention, j'ai cédé au profond désir de dire une bonne fois : *Non , je ne veux pas d'empire ! Non ! je ne veux pas de guerre !* Les résultats de 69 m'avaient fait concevoir un fol espoir.

J.-B. — Que ferez-vous à l'avenir ?

F.-P. — Ah ! ceci, c'est une autre affaire. Je travaillerai autant qu'il dépendra de moi à obtenir que la question soit nettement posée.

J.-B. — Etait-ce possible au 8 mai ?

F.-P. — Très possible, en deux mots : *Votez la paix* ou *la guerre.*

J.-B. — En effet.

F.-P. — Pour tout commentaire on aurait ajouté : Il est entendu que tous ceux qui voteront la guerre, prendront immédiatement le sac au dos, l'arme au bras et marcheront à la frontière. Que serait-il arrivé ?

J.-B. — Nous aurions eu la paix.

F.-P. — Certainement, car tous ceux qui votent si résolument la guerre, ne sont si belliqueux que parce que d'autres vont se battre à leur place. Et voilà comment, Jacques, tu n'es que de la chair à canon, qu'on met ensuite sous le pressoir pour tirer de ta moelle de l'argent , des croix-d'honneur, de l'héroïsme et du brigandage.

J.-B. — C'est vrai! c'est vrai! A l'avenir nous posera-t-on aussi nettement les questions?

F.-P. — J'en doute.

J.-B. — Si on nous la pose encore mal, que ferez-vous ?

F.-P. — Je ne sais. Je prendrai forcément conseil des circonstances et je tâcherai de m'en tirer comme on se tire d'une mauvaise passe. Je ferai comme au 23 Avril 48. *Quand on n'a pas ce qu' l'on aime, il faut aimer ce que l'on a*, et je me préparerai à fermer prochainement les yeux avec la triste certitude que je laisse mes enfants menacés de guerre et de révolution avant que l'herbe ait repoussé sur ma fosse.

J.-B. — Vous n'êtes pas consolant.

F.-P. — C'est la circonstance qui n'est pas consolante, Jacques. Ne veut-on pas nous acculer dans la même impasse qu'au lendemain de Février 48? Et notre position n'est-elle même pas plus défavorable ?

J.-B.— Comment l'entendez-vous ?

F.-P. —En 48, on se connaissait; aujourd'hui, nous ne nous connaissons pas. De ville à ville, de village à village, nous ne nous connaissons pas. L'empire à su réduire tout le pays en parcelles isolées, il a su tuer toute vie politique. Chacun ne voit plus que soi; l'intérêt général n'est plus qu'un mot vide de sens. Cherche autour de toi, Jacques, où sont les hommes, — et chez nous, il en faut 28, — où sont les 28 hommes à qui tu peux confier cette mission si grave, qu'on appelle : *Faire une Constitution*? Constitution à laquelle tu devras te soumettre, lors même qu'elle ne te conviendrait pas, lors même que tu ne la comprendrais pas, ou que, la comprenant, tu y signalerais de choquantes contradictions. Où les vois-tu, Jacques, tes 28 constituants, tes 28 représentants qui ne te représenteront pas ?

J.-B. — Personnellement, je ne les connais pas ; mais d'autres les connaissent et me les signaleront.

F.-P. — Nous y voilà ! Dans une circonstance aussi grave, la plus grave de la vie politique, te voilà forcé de te décider d'après la recommandation de tiers. Connais-tu personnellement du moins ces tiers qui se chargeront de te recommander tes 28 Constituants ?

J.-B. — Non, mais.....

F.-P. — Je pourrais continuer longtemps et nous arriverions toujours à ce résultat : Tu seras forcé de te décider de proche en proche sur la recommandation d'un tiers, recommandé par un quatrième, qu'un cinquième te recommandera, et ton vote sera du même calibre que ces grosses nouvelles qu'on appelle *canards* et qui ne nous réservent que déception. Tu seras déçu, Jacques, comme nous l'avons été en 48, et tu reconnaîtras une fois de plus que voter pour des constituants, c'est voter pour l'inconnu.

J.-B. — Que faire ?

F.-P. — Je te l'ai déjà dit, le premier devoir du républicain est aujourd'hui de se méfier de tout le monde. Si moi-même j'arrivais à la Constituante, le premier homme dont je me méfierais, ce serait moi.

J.-B. — Vous ! Pas possible ?

F.-P. — Oh ! sois tranquille, Jacques; tu ne l'as pas à craindre. Aucun parti ne voudrait d'un franc parleur, et je ne veux d'aucun parti. D'ailleurs, je n'admets pas la représentation, ne me souciant nullement de devenir un morceau de roi.

J.-B. — Vous considérez chaque constituant comme un morceau de roi ?

F.-P. — Pas autrement, Jacques. Du jour où tu auras voté, tu auras abdiqué, et puisque ce n'est plus toi qui gouvernes, il faut bien que ce soit lui.

J.-B. — Mais ce n'est pas le constituant qui gouverne ?

F.-P. — N'est-ce pas lui qui fait la loi ? Or, qui fait la loi gouverne, et tu auras le gouvernement personnel en 750 morceaux.

J.-B. — Mais cependant, si nos constituants en se réunissant acclamaient la République ?

F.-P. — *Si !* Voilà d'abord un très gros *Si*, Jacques. Et quand même ? Ils ne feraient pas mieux qu'en 48. Le 4 mai 48, les 900 constituants ont acclamé 17 fois la République sur les marches du Palais Législatif, ce qui ne les a pas empêchés de mettre dans leur Constitution républicaine un président qui, par une vilaine nuit, a changé d'uniforme et s'est montré sous sa vraie figure : l'Empereur mensonge-rapine-massacre-et-paillardise.

J.-B. — C'est vrai !

F.-P. — C'est qu'il y a République et République, Jacques, comme il y a fagots et fagots.

J.-B. — Mais s'ils acclamaient la République démocratique et sociale que vous aimez ?

F.-P. — Autre *Si*, plus gros encore, auquel je dis encore, il y a fagots et fagots.

J.-B. — Mais enfin, si la Constitution avant d'être mise en vigueur, était soumise à la sanction du peuple?

F.-P. — Troisième *Si*, plus gros que les deux autres, car il nous ramène au plébiscite du 8 mai. Pense à tout cela jusqu'à demain, Jacques, et rappelle-toi que nous n'avons ici parlé que du *quelqu'un*, et que tu as laissé passer inaperçu le *quelque chose* auquel je t'ai cependant amené une seconde fois.

V.

J.-B. — Vous me direz aujourd'hui, je l'espère, où est cette constitution qui, selon vous, me crève les yeux et que je ne suis pas capable de voir.

F.-P. — Si tu ne l'as pas encore vue, c'est que tu n'as pas de miroir ; c'est que tu ne te rases pas toi-même et que tu te fais raser par les autres. Quant à moi qui me coupe la barbe moi-même et qui me bichonne de mes propres mains, je la vois tous les jours, et mon miroir me dit, — tu sais, tous les miroirs sont flatteurs, — qu'elle en vaut bien une autre et vaut même mieux que toute autre.

J.-B. — Voisin, vous êtes en belle humeur, aujourd'hui. Je vous le passe volontiers, car depuis cinq mois je vous trouve diablement sombre. Cependant, parlons sans plaisanter, le sujet est assez grave.

F.-P. — Je te répèterai, Jacques, que je ne plaisante, jamais quand le sujet est grave, et je te répète aussi, très sérieusement, que tu ne peux pas voir ta Constitution ailleurs que dans ton miroir. As-tu seulement un miroir ?

J.-B. — Ma femme en a un.

F.-P. — T'en sers-tu ?

J.-B. — Non.

F.-P. — Alors, si ta femme seule s'en sert, elle sait mieux que toi comment elle doit se conduire. La preuve, c'est qu'elle ne vient jamais me demander conseil; tandis que toi, tu me poursuis de questions.

J.-B. — Décidément....

F.-P. — Voyons, mon pauvre Jacques, sers-toi de mon miroir. Regarde, qu'y vois-tu ?

J.-B. — Personne d'autre que moi.

F.-P. — Voilà ta Constitution. Voilà ton Consti_

tuant, ton roi. Voilà celui qui te fait la loi, Jacques, et si ce n'est pas vrai, allume ta pipe avec la déclaration des Droits de l'Homme. Elle n'est bonne qu'à cela.

J.-B. — Vous croyez?

F.-P. — J'en suis sûr. Tu l'as lue maintenant cette déclaration ?

J.-B. — Oui.

F.-P. — Tu y as réfléchi ?

J.-B. — Autant que j'en suis capable.

F.-P. — Ta capacité va bien jusqu'à comprendre que puisque nous venons tous au monde de la même manière, nous sommes tous égaux selon la nature?

J.-B. — Il ne faut pas grande malice pour le comprendre.

F.-P. — Certes non ; mais il en faut, paraît-il, un peu plus pour s'en souvenir. En ce moment, où nous revenons au monde, — car la nouvelle république est une nouvelle naissance politique — tâchons de conserver la fraîcheur de la mémoire, pendant que cette renaissance est encore toute récente. C'est quant à moi, ce à quoi je m'attache ; et quoique tu sois la meilleure pâte d'homme que je connaisse, en outre mon plus constant ami, je ne veux pas que tu me fasses la loi, Jacques.

J.-B. — Je n'en ai pas non plus l'envie.

F.-P. — Mais on t'y forcera. Veux-tu que je te la fasse ?

J.-B. Vous ne voudriez pas.

F.-P. — Bien entendu ! Je ne veux pas me rendre responsable de tes actes, j'ai bien assez des miens.

J.-B. — Ah ! celui qui fait la loi serait responsable !

F.-P. — Naturellement, responsable de toutes les conséquences de cette loi. Qui est responsable de toutes les turpitudes de l'empire ? N'est-ce pas l'empereur qui a fait tout seul sa constitution ? Dans cette constitutinn, n'a-t-il pas du reste lui-même déclaré que lui seul était responsable ? Et qui est responsable de l'Empire ? n'est-ce pas toi, Jacques Bonhomme, qui as voté pour lui ?

J.-B.. — Pourquoi m'en parlez-vous toujours ?

F.-P. — Pour que tu n'y reviennes plus, Jacques. Tes votes impérialistes te pèsent sur la conscience ? Tu vois maintenant les infamies qu'ils couvraient, parce que tu vois quels flots de sang il faut répandre pour laver ces infamies. Mais enfin tu le vois. Tant mieux ! Tant mieux, mon cher ami ! Frappe-toi le front et la poitrine, répète du fond du cœur, en français, pour le bien comprendre. *C'est ma faute ! c'est ma faute ! c'est ma très grande faute !* et ne pense plus au passé que pour penser à demain. Ne t'expose pas demain à dire encore : *c'est ma faute, c'est ma faute ! c'est ma très grande faute !* car cette fois, la faute pourrait bien être sans rémission pour le pays.

J.-B. — Est-ce vraiment ma faute, à moi seul ?

F.-P. — Eh bien, non, Jacques. C'est avant tout la faute de tous ceux qui t'ont, dès ton jeune âge, prêché le culte de l'idole impériale; de tous ceux qui t'ont fait croire que la gloire d'un pays est dans ces vols qu'ils appellent conquêtes, dans ces massacres qu'il appellent batailles, dans ces deuils qu'ils appellent victoires; c'est la faute de tous ceux qui t'ont fait placer au-dessus du travail et du progrès la gloire militaire; au dessus du pouvoir civil, le pouvoir militaire ; au-dessus de tous les mérites, les mérites militaires. Ceux qui ensuite sont coupables de tes votes bonapartistes, ce sont ceux qui, te sachant ainsi éduqué, ainsi faussé, ainsi perverti, t'ont donné le suffrage universel; ce sont ces imprudents républicains de 48, qui alors n'ont pas su consacrer tout leur temps, tous leurs talents, tous leurs efforts, à te donner l'instruction républicaine, par qui seule le suffrage universel peut devenir une arme aussi puissante pour le bien, qu'elle a été puissante pour notre mal et le mal de tous les pays dont la France s'est occupée.

J-B. — Diable! diable! Voilà ce que vous pensez de vos amis de 48 ?

F.-P. — Oui, mon pauvre Jacques; voilà ce que j'en pense, voilà ce qui m'a fait te dire précédemment, à propos de tous nos votes, que la bête, si bête il y a, ce n'est pas la majorité qui ne sait pas, mais la minorité qui devait savoir. Oui, je les trouve bien coupables mes amis; car ils ont trop légèrement oublié que le suffrage universel étant la grande arme politique, dès ce jour, la grande œuvre politique devait être l'instruction populaire. Il fallait émanciper Jacques Bonhomme de toutes les tutelles qui l'asservissent, et ils n'ont jamais pensé à Jacques Bonhomme qu'à la veille des élections pour le délaisser le lendemain. Nos ennemis, tes ennemis, Jacques, ont été plus malins.

F.-P. — Nous payons bien cher la faute de vos amis.

J.-B. — Eh bien, Jacques, la première faute n'est pas encore à eux. Elle est à ces hommes du gouvernement de Juillet qui, bien que partisans de la paix à tout prix, ont négligé ton instruction ; qui l'ont même abandonnée à leurs adversaires ; elle est à ces partisans de la paix à tout prix, à ces hommes aussi bornés qu'égoïstes qui, dans leurs derniers jours, ont refusé une juste réforme. Ils n'ont pas voulu céder un doigt et on leur a, comme on dit, pris le bras tout entier ; et c'est leur faute, si nous avons eu brusquement le suffrage universel, au lieu d'une intelligente extension du droit électoral ; c'est la faute de ces hommes de paix, si nous avons eu, au lieu d'un progrès, le coup d'Etat, l'Empire, la ruine, la guerre. Ils se sont cependant fait la réputation de profonds politiques ! Et maintenant, alors que les républicains, instruits par l'expérience, commencent enfin à ouvrir les yeux, ce sont encore ces profonds politiques de Juillet qui te poussent à l'élection d'une Constituante, quand ils savent que tu es aussi ignorant qu'en 48.

J.-B. — Je comprends au moins maintenant qu'on nous entraîne vers un mauvais pas.

F.-P. — Tachons de l'esquiver et voyons si ce ne serait pas possible en reprenant notre petit bonhomme de chemin. Il est donc convenu que je ne veux pas de toi pour mon constituant.

J.-B. — Vous avez, sur ma parole, cent fois raison..

F.-P. — Et que tu ne ne veux pas de moi ; en un mot, qu'aucun de nous deux ne veut subir la loi de l'autre ni lui faire la loi.

J.-B. — C'est entendu.

F.-P. — Ainsi donc, si nous voulons un constituant, nous ne pouvons le chercher que dans notre miroir. Avant de rentrer chez toi, achète donc un miroir à ton usage. Voilà le meilleur conseil politique que je puisse te donner après celui de te méfier de tout le monde. L'un complète l'autre.

J.-B. — Miroir à part, cela signifie, si je comprends bien...

P.-F. — Cela signifie que pour la troisième fois nous en sommes revenus à ce point où l'on dit : *La souveraineté appartient à la Nation ; elle est une, indivisible, inaliénable et imprescriptible ;* déclaration de 91, conservée en 93 et 95, reprise en 48. A la troisième fois, y verrons-nous le droit, comme on dit ?

J.-B: — Voilà.

F.-P. — Oui, voilà la question. On va de tous côtés faire sonner bien haut sur tous les tons, et même, infernale dérision, par toutes les cloches et du haut de toutes les chaires cette fière déclaration : LE PEUPLE EST SOUVERAIN. On va seriner Jacques Bonhomme pour qu'il répète avec une mine rébarbative et d'un air entendu : *C'est moi qui suis le maître!* Puis en un tour de main, on amènera Jacques à dire : *Jeanne, donne mon bonnet de coton, que j'aille me coucher.*

J.-B. — Comment pouvez-vous toujours plaisanter ainsi ?

F.-P. — Et toi, comment peux-tu toujours trouver que je plaisante quand je parle si sérieusement? Ce que je te dis est la traduction fidèle de nos constitutions, même de celle de 93.

J.-B. — Je ne les connais pas comme vous.

F.-P.— Je te les ferai connaître ; et je te ferai mettre le doigt sur des contradictions telles que celles-ci : La souveraineté qui réside dans la nation (la constitution de 48 a même soin de préciser : dans l'universalité des citoyens) est une et indivisible ; et immédiatement après on la coupe en deux, on la divise en souveraineté législative et souveraineté exécutive ; — la souveraineté est inaliénable ; aussitôt dit, on l'aliène à une Chambre, même à deux, et à un roi ou président ; — elle est imprescriptible, et Jacques, en l'alié-

nant, s'est mis dans la dure nécessité de faire.des révolutions pour la revendiquer. — Jacques, mon très
souverain Jacques, si ce n'est pas là le maître impé-
rieux qui se coiffe d'un bonnet de coton, j'avoue que
je ne comprends plus rien à notre histoire depuis 89,
ni depuis l'institution des Communes.

J.-B. — Le fait est que s'il y a dans ces constitutions ce que vous dites...

F.-P. — M'as-tu jamais surpris à te mentir, Jacques?

J.-B. — Oh ! pour cela, non.

F.-P. — Du reste, je te le ferai voir de tes propres
yeux, et je te ferai voir bien d'autres contradictions.
Quant à cette contradiction sur la souveraineté, je la
pardonne de bon cœur à nos constituants de 91 ; ils
voulaient concilier ce qui existait avec ce qu'ils cher-
chaient : la monarchie avec la république. Erreur gé-
néreuse, peut-être ; très naturelle au début, mais néan-
moins erreur, que je ne pardonne plus à nos constituants de 93, qui venaient de.couper le cou au roi ;
que je pardonne encore bien moins à nos constituants
de 48, qui venaient de chasser le leur, et qui avaient
vu tomber Napoléon et les Bourbons ; et que je par-
donnerais encore moins que jamais à nos futurs
constituants, qui ont vu les déplorables effets de la
Constitution de 48. Car l'histoire leur enseigne, ainsi
qu'à moi, qu'en commettant la même erreur, ils s'en-

ferrent dans l'implacable alternative ou de chasser leur futur roi, ou de lui couper le cou, ce qui serait cette fois un régicide prémédité de longue main, et que rien ne saurait justifier.

J.-B. — Comme vous y allez!

F.-P. — J'y vais comme l'histoire et la morale, Jacques. La morale dit : *Ne vous exposez pas à la tentation.* Ne vous exposez donc pas à la tentation de faire un président, qui sera exposé à la tentation de devenir roi, et qui, devenu roi, sera exposé à la tentation d'usurper la souveraineté; ce qui exposera nos enfants à la tentation de le chasser ou de lui couper le cou. L'histoire nous dit aussi tout cela depuis le 21 janvier 93, jusqu'au 1er septembre 70. Elle le dit, il est vrai, sur un autre ton, et surtout plus longuement; car la vieille conteuse aime à y mêler des enjolivements de sa façon. Mais quoique ses enjolivements nous fassent souvent perdre le fonds de vue, le fonds est ce que je te dis : LA SOUVERAINETÉ APPARTIENT A LA NATION, ET LE BUT DE LA NATION, C'EST D'ARRIVER A EXERCER LA SOUVERAINETÉ.

J.-B. — Mais comment l'exercer?

F.-P. — Je te l'ai dit : Ne te coiffe pas de nouveau d'un bonnet de coton. Car celui qui, le soir d'une révolution, se coiffe si bonnassement d'un bonnet de coton, se condamne à devoir crier le lendemain matin : C'est moi qui suis le maître! — Peine perdue! on le laisse crier. Et chaque soir on lui tire le bonnet de coton plus avant sur les deux oreilles. A la fin, de guerre las, il ne crie plus, et lui-même il s'enfonce le bonnet de coton de ses propres mains — tant que ce bonnet de coton soit usé jusqu'à 1 corde, comme l'Empire.

J.-B. — Mais, encore une fois, comment échapper à ce que vous appelez le bonnet de coton ?

F.-P. — Fais comme moi, couche nu-tête, et le matin, débrouille tes cheveux de tes propres mains. Ne te laisse plus coiffer par personne, Jacques ; si tu comprends mieux : NE TE COIFFE PLUS DE PERSONNE. Prends-y garde ! car tu es déjà en train d'adopter une nouvelle coiffure. *Plus d'idoles*, Jacques, *mais des principes* ! Sinon, je te le répète, allume ta pipe avec la Déclaration des droits de l'homme et du citoyen. De nouveau tu es roi, cette fois sans l'avoir voulu, sans l'avoir cherché. Nous sommes tous redevenus rois sans le savoir. N'abdique plus, Jacques ; garde ta souveraineté. Ne vote plus pour personne ; vote pour quelque chose.

J.-B. — Vrai, je n'en dormirai pas de toute la nuit.

F.-P. — A demain, Jacques. Je crois que nous pourrons maintenant voir ce que nous avons à faire.

Ah ! si M. Thiers l'avait su !

M. Thiers vient de montrer un zèle et de déployer une activité qui font honneur à son patriotisme.

Nous l'en remercions pour notre part, et nous sommes d'autant plus heureux de lui donner ce témoignage d'estime que nous nous sentons plus éloignés de partager ses idées politiques et générales. En effet, tout en ne pouvant douter de la bonne foi et du patriotisme de l'historien du *Consulat et de l'Empire*, nous sommes convaincus qu'il est pour beaucoup, sans le vouloir et sans le savoir, dans les malheurs qui fondent aujourd'hui sur la France. AH ! SI M. THIERS L'AVAIT SU !

Oui, si M. Thiers l'avait su, la France ne serait pas foulée aux pieds de l'étranger. Mais, par malheur pour nous et pour lui, M. Thiers a été appelé l'*historien national*, pour avoir raconté avec enthousiasme les exploits de Napoléon. M. Thiers a été complétement sous le charme de ce qu'il y avait d'extraordinaire dans les facultés et d'étourdissant dans la fortune du grand capitaine. Et sans voir plus loin, sans penser plus juste, il a cru bien faire et faire du patriotisme, en cherchant à immortaliser son héros, en voilant ses fautes, en excusant ses crimes, fautes de conquérant et crimes de despote. Par suite, il n'a pas eu horreur de la profonde immoralité de caractère du Corse, il n'a pas compris les terribles conséquences qui en devaient résulter pour son pays et pour l'Europe.

Ah ! si Béranger l'avait su ! oui, Béranger l'honnête, le modeste, le patriote, le bon Béranger, lui aussi a été appelé *le poète national*, pour avoir chanté et popularisé le héros prestigieux, pour nous avoir affolés avec les victoires et la gloire du conquérant, pour nous avoir fait verser des larmes sur nos revers et sur les malheurs de l'homme de Sainte-Hélène. Et lui, le poète honnête homme n'a pas senti l'immoralité de son héros !

Ah ! si Victor Hugo l'avait su ! lui le tout puissant lyrique, qui s'est incliné devant le monstre, et qui a cru qu'il y avait en lui tant de grandeur réelle qu'elle ne pouvait être effacée que par la bassesse de Décembre et de Sédan, de celui qui vient de mettre le sceau de la honte sur ce nom maudit.

Historiens et poètes, par compassion de nos revers et de nos malheurs, par un patriotisme mal entendu, par nécessité de combattre le droit divin et son passé, vous avez cru bien faire, en grandissant, en idéalisant le colosse « aux pieds d'argile, au cœur d'airain, » par lequel la France fut si fameuse dans la guerre. Votre intention était bonne, mais les résultats de votre œuvre obscurcit la conscience du peuple, frappe la France d'aberration morale.

Hélas ! la France a été tenue sous le charme et dans une profonde ignorance de la vérité, au sujet du Corse aux cheveux plats. Elle a cru avec enthousiasme tout ce que lui disait ce menteur et ce charlatan ;

elle a pleuré sur sa chute, oubliant combien de sang elle avait versé, combien de misères elle avait endurées, pour satisfaire l'ambition dévorante de l'implacable despote.

Elle a poussé le délire jusqu'à imiter l'inconsolable Arthémise, reine d'Halicarnasse.

La France a voulu posséder les cendres de son mort idolâtré, afin de s'en nourrir à jamais et un peu tous les jours.

Tout cela n'était qu'illusion, ignorance et vanité folle, oubli de l'humanité, obscurcissement du sens moral. Nous sommes dans les terribles jours de l'expiation. A l'heure qu'il est, la France paie chèrement sa dette à la souveraine justice, qu'elle avait méconnue.

En effet, une loi supérieure domine tous les rapports des hommes et des peuples. Cette loi, c'est la morale. Sans la morale, l'individu, comme la société, ne saurait se comprendre ni exister.

Supposons un instant qu'il n'y ait plus entre les individus, entre les peuples, ni bonne foi, ni sincérité, ni compassion, ni bienveillance, ni sentiment de justice ; que chacun voie dans son semblable un ennemi, qu'il n'y ait plus ni droits, ni devoirs réciproques entre les hommes. Il est clair que cette hypothèse aurait pour conséquence directe l'abolition de toute sociabilité et de l'humanité dans son essence.

La loi morale est donc une loi de première nécessité. C'est pourquoi sa violation entraîne les conséquences les plus extrêmes et les plus funestes.

Or, cette loi morale, Napoléon ne l'a ni connue, ni respectée, ni pratiquée. Jamais le mensonge, le parjure, la ruse, le mépris de la vie humaine, la violation des droits les plus sacrés, le dédain de tous les devoirs ne furent poussés plus loin, étalés au grand jour avec plus de cynisme.

Sans toucher à sa vie privée, on peut dire de Napoléon qu'il fut l'homme le plus immoral de son temps.

Quelques voix puissantes l'ont proclamé. De ce nombre furent Mme de Staël, P.-L. Courier et Channing, le Fénélon de l'Amérique. Mais ces voix restèrent sans échos et se perdirent dans le vide, tant le mirage était fort, tant était puissante sur les esprits la fantasmagorie impériale.

Nous expions aujourd'hui notre longue folie, notre adoration de la fausse gloire de l'homme fatal. Guillaume est devant Paris au même titre que Napoléon fut à Berlin. Comme le dit complaisamment M. de Bismarck, les conquérants réduisent les peuples aux funestes extrémités qu'autorisent les droits internationaux de la guerre. Et, tour à tour, les peuples souffrent et pâtissent de ces beaux droits, pour la plus grande gloire des conquérants.

Ah ! si M. Thiers l'avait su ! Si, tout en nous

contant l'Iliade de son Achille, il avait pu se placer au point de vue moral de Mme de Staël et de Channing, il eût condamné le héros et répudié sa gloire sanglante. Par cette œuvre méritoire, il eut contribué à désabuser la France et l'Europe, et par là il nous eut évité la honte d'avoir subi un second empire, qui nous a précipités dans l'abîme d'une invasion lamentable.

Pour en finir avec le fétichisme napoléonien, pour redresser le sens moral de la nation e purifier sa conscience, peut-être l'effroyable cataclysme que nous subissons était-il nécesaire. La morale et le napoléonisme sont deux contraires. Si l'un règne sur l'âme humaine, il faut que l'autre en soit chassé. Vivre sans fétichisme est sain, vivre sans morale est impossible.

(*Phare de la Loire*)   De Pompery.

VI.

J.-B. — Je m'en doutais, voisin, je n'ai pas dormi de la nuit; et si j'ai dormi, je n'en ai pas moins rêvé de votre souveraineté nationale.

F.-P. — Pauvre Jacques! C'est que probablement cette nuit tu n'as pas mis ton bonnet de coton.

J.-B. — Oui, j'ai voulu essayer.

F.-P. — Je comprends! A notre âge, il est difficile de changer d'habitude. Quand on s'est si longtemps laissé conduire, quand on a si longtemps négligé de

voir ses affaires par ses propres yeux, il est bien difficile de se conduire subitement soi-même.

J.-B. — C'est ce que je me disais tout en pensant à
cette souveraineté nationale que nous devons exercer,
dites-vous ; qu'il ne faut plus aliéner. Mais comment
s'y prendre ? Comment ? Voilà la question.

F.-P. — Et tu voudrais une réponse tout de suite.

J.-B. — Oui, tout de suite.

F.-P. — Je te croyais plus patient, Jacques. Tu as
si patiemment supporté l'empire pendant vingt ans.

J.-B. — Voilà encore que vous reparlez de ce maudit empire ! Il me semblait convenu qu'il n'en serait
plus question.

F.-B. — Je ne t'ai jamais promis cela. Au contraire,
nous en reparlerons souvent. Et aujourd'hui, puisque
tu désires savoir tout de suite comment tu peux exercer ta souveraineté, nous ne pouvons mieux l'apprendre qu'en reparlant de l'empire.

J.-B. — Allons, soit ! Mais franchement...

F.-P. — Allons, soit ! cela te chiffonne, veux-tu
dire. Mais tant pis, Jacques. Car franchment, si maudit que soit l'empire, on ne l'effacera jamais de notre
histoire et le mieux est de chercher s'il ne nous lègue
pas une utile leçon républicaine.

J.-B. — Bien malin qui l'y trouvera !

F.-P. — Ne te hâte pas tant de me complimenter,
Jacques. La leçon crève les yeux.

J.-B. — Ah oui! comme ma constitution dans un miroir !

F.-P. — Tu l'as dit, et si tu veux bien ne pas fermer les yeux, tu vas le voir tout de suite.

J.-B. — Je ne demande pas mieux.

F.-B. — Regarde. Qu'est-ce que le coup d'état, Jacques ? Quand je l'examine au même point de vue que nos constitutions, je vois dans l'auteur du coup d'état (comme on aurait déjà pu le voir dans l'auteur du 18 brumaire) un adroit filou qui dit en parlant de nous : Ces niais et ces beaux parleurs ont une Constitution dans laquelle ils ont écrit : La souveraineté réside dans l'universalité des citoyens français. Mais ils n'ont pas su mettre cette souveraineté en pratique ; aussi, moi, grâce à la centralisation universelle qu'ils ont maladroitement gardée, j'escamote la souveraineté universelle pour moi tout seul.

J.-B. — Effectivement. L'Empereur était seul souverain.

F.-P. — Si bien seul souverain que le mot *Gouvernement personnel* fera toujours penser à ce gouvernement impérial et le distinguera toujours entre toutes les autocraties les plus absolues. Il était le gouvernement personnel plus que l'autocratie russe. On comprend que l'autocrate de toutes les Russies travaille et puisse travailler au bien de la Russie, que l'intérêt de son pays et l'intérêt de sa personne se confondent l'un dans l'autre. Mais notre empire, depuis le 2 décembre jusqu'au 1er septembre, il n'a jamais rien considéré que l'intérêt personnel de l'Empereur. Même pendant le dernier mois, l'intérêt de l'Empereur et de sa dynastie, et de toute la valetaille qui les soutenait, a encore été la principale cause de nos plus grands désastres. Pour ces gens-là, depuis le chef jusqu'au dernier de la bande, le pays n'a jamais été qu'un butin ; et les plats coquins qui aujourd'hui encore voudraient revoir l'empire, que sont-ils que des chiens grognant après l'os qui vient de leur échapper des dents ?

J.-B. — Le fait est qu'ils l'ont diablement rongé !

F.-P. — Plus tu y regarderas, plus tu reconnaîtras que pour toute la meute impériale la France n'a jamais été qu'une grasse charogne à dévorer. Tu le vois jusque dans les derniers traînards. Le pays leur échappant, ils trahissent, ils vendent les derniers lambeaux qu'ils peuvent en arracher.

J.-B. — Et c'est cela que j'ai soutenu !

F.-P. — C'est cela qu'on t'a fait soutenir en te cachant la vérité. Mais je ne t'en parle plus pour t'en faire un reproche ; je t'en parle pour que tu profites de la leçon très claire que cet empire nous lègue. Ecoute bien. Comment l'Empereur s'est-il si bien assuré la souveraineté qu'à l'exemple de son cher oncle, son modèle en coquinerie, il avait su complètement accaparer, grâce à cette centralisation générale perfectionnée par ce cher oncle ?

J.-B. — Comment? C'est ainsi que vous pensez sérieusement de l'oncle ?

F.-P. — J'en pense encore plus que je ne te dis. Et n'eut-il fait que perfectionner le système de centralisation, le cher oncle serait déjà l'un des plus grands coquins; si tu connaissais Machiavel, je dirais l'un des plus grands princes du monde.

J.-B. — Je croyais ce système administratif...

F.-P. — Admirable, n'est-ce pas? On te l'a tant de fois présenté comme tel. C'est ta chaîne, Jacques ; la chaîne au bout de laquelle tu sens à chaque pas ce boulet que l'on appelle : *l'homme qui te gouverne*, depuis le garde-champêtre jusqu'à l'Empereur, quand même tu appellerais celui-ci roi ou président de république.

J.-B. — Tiens! tiens! mais c'est vrai. L'administration est toujours au bout de tout, fourre son nez dans tout; on ne peut faire un pas sans sa permission.

F.-P. — Comment l'Empereur a-t-il fait pour s'assurer la souveraineté unique et personnelle ? Il a fait lui-même sa Constitution, une Constitution qui n'a que lui pour objet. Tout dépend de lui, tout se rapporte à lui ; lui seul a ce premier des droits., *ce bien sans qui les autres ne sont rien*, la liberté individuelle.

J.-B. — C'est vrai.

F.-P. — Voilà, Jacques, ce qui s'appelle agir en souverain. Qu'en penses-tu ?

J.-B. — Voulez-vous dire que nous devrions faire comme lui ?

F.-P. — Naturellement, puisque maintenant c'est nous qui sommes le souverain.

J.-B. — Hum ! souverain !

F.-P. — Tu parais ahuri de ta souveraineté.

J.-B. — Ma foi ! Belle souveraineté, quand on ne sait comment s'en servir.

F.-P. — Mais je te l'ai dit : Comme l'Empereur. Ce n'est pas bien difficile. Essayons. Voyons si nous ne pourrons pas faire une petite constitution à notre usage. Remarque bien que nous y procéderons forcément d'abord, tout au rebours des fabricateurs ordinaires de constitutions. Ceux-là commencent toujours par en haut, nous la commencerons par en bas. Là est tout le secret, Jacques. Chacun fait sa constitution au point de vue de la souveraineté qu'il veut conserver ; à nous de faire comme on a toujours fait dans toutes les constitutions ; car je te l'assure, dans toutes les constitutions, c'est comme dans celles de l'Empereur. Ne l'oublie pas : Si tu charges quelqu'un, qui que ce soit, de te faire une constitution, ce quelqu'un la fera pour lui, et pas pour Jacques Bonhomme.

J.-B. — Et vous ? Je suis curieux de voir comment

vous vous y prendrez pour en faire une à mon usage.

F.-P. — Nous disions donc que l'Empereur était seul souverain. — Je m'en tiens à lui pour simplifier la besogne ; nous parlerons des autres quand tu voudras les étudier. — Maintenant, le souverain, c'est nous.

J.-B. — On le dit.

F.-P. — Mais quand on dit : *nous sommes le souverain*, il faut entendre : *nous sommes les souverains*. Tu comprends bien la différence ?

J.-B. — Oui, oui. Le souverain, c'est nous tous.

F.-P. — Oui, nous tous. Chacun de nous est souverain au même titre ; toi comme moi, moi comme toi.

J.-B. — C'est entendu.

F.-P. — Et la conséquence, est-elle aussi bien entendue ? C'est qu'elle est capitale, Jacques. Vois plutôt : l'Empereur étant seul souverain met sa liberté individuelle en opposition avec la liberté de nous tous. Dès lors, plus d'égalité, plus de fraternité. Tandis que si nous sommes tous souverains, chacun de nous reconnaît la liberté individuelle de l'autre ; dès lors nous revenons à l'égalité, par suite à la fraternité ; en un mot nous reprenons en entier la devise républicaine. Tu vois, Jacques, en commençant la constitution par en bas, notre premier soin doit être d'assurer la liberté individuelle.

J.-B. — Ah! si l'on pouvait en arriver là.

F.-P. — Il suffit de vouloir, Jacques. N'es-tu pas

souverain ? Or, la première chose à faire pour faire acte de souveraineté, c'est de manifester sa volonté. N'avons-nous pas le suffrage universel ? Ah ! quel beau coup d'état tu ferais, Jacques, si tu savais manifester ta volonté dans l'intérêt de ta souveraineté, de ta liberté individuelle !

J.-B. — Ah ! si seulement je savais !

F.-P. — Si tu savais ! Ne pas savoir ! voilà ce qui te gêne ? Eh bien, soit ! commençons par là. Je me réglerai sur toi, puisque nous commençons notre constitution par en bas. Crie-donc bien haut, et n'en démords jamais tant que tu l'aies obtenu : Je veux l'instruction ! Repousse toute constitution, si pour premier article elle ne t'assure l'instruction, coûte que coûte ; car, tu le comprends bien, il n'y a rien de plus sot qu'un souverain ignorant, qui ne sait pas même dire ce qu'il veut.

J.-B. — Vous avez raison. Je veux l'instruction, coûte que coûte.

F.-P. — C'est voté, et nous mettrons le mot *coûte que coûte* dans cette constitution d'un nouveau style. Mais ce n'est pas tout. Veux-tu l'instruction pour toi seul ? Tu sais maintenant que tu veux l'instruction et pourquoi tu la veux ; ta volonté est très raisonnable , très juste. Admettrais-tu que le vote d'une brute vînt neutraliser ton vote ?

J.-B. — Non, non ! Je demande l'intruction pour tout le monde.

F.-P. — Mais si cette brute ne veut pas d'instruction ?

J.-B. — Alors, que cette brute renonce à son vote.
Que qui veut rester brute, reste brute.

F.-P. — Tu tranches vite son procès, mais je t'ap-
prouve ; car sa liberté de brute ne doit pas neutraliser
ta liberté intelligente. D'ailleurs, selon la Justice, la
liberté de l'un a pour limite la liberté de l'autre. La
liberté n'est pas l'isolement. Elle implique plutôt, car
nous ne pouvons vivre qu'en société, un échange mu-
tuel de concessions. En un mot, la liberté ne peut se
comprendre sans devoirs réciproques.

J.-B. — Je ne l'aurais pas dit comme vous, mais
vous parlez comme je pense. Je veux l'instruction
pour tout le monde.

F.-P. — Alors Jacques, vite un second vote. Dis : je
veux l'instruction obligatoire.

J.-B. — Oui, je veux l'instruction obligatoire.

F.-P. — Mais quelle instruction veux-tu, Jacques ?
En veux-tu une pour toi, une autre pour cette brute ?
Veux-tu qu'on t'enseigne à toi que ce qui est blanc est
noir ? A lui, que ce qui est noir est blanc ?

J.-B. — Non pas ! Comment nous comprendrions-
nous ? Je veux la même instruction pour tous.

F.-P. — Allons, Jacques, un troisième vote pendant
que tu y es : Je veux l'instruction obligatoire et commune. L'égalité l'exige.

J.-B. — C'est bien cela. Cela dit tout.

F.-P. — Pas encore. Tu as le moyen de payer l'école, cette brute peut être pauvre.

J.-B.—C'est vrai. Il faut l'instruction gratuite pour les pauvres.

F.-P. — Oh! oh! y penses-tu? Nous allons distinguer des pauvres et des riches? Que devient alors l'égalité? et puis, les pauvres n'ont-ils pas leur très juste fierté? Il faut la respecter, Jacques; sinon, que deviendrait la fraternité? N'oublie pas, Constituant, que nous sommes tous souverains au même titre, pauvres et riches.

J.B. — C'est vrai, Effaçons un mot et disons simplement: *l'instruction gratuite.*

F.-P. — Tu me parais apprendre assez vite ton métier de faiseur de lois ; car pour ton premier essai, tu m'en donnes une bien conditionnée, renouvelée il est vrai de la première révolution. Tu ne te doutes guère, Jacques, que tu es un homme de 93 et que tu parles exactement comme Monsieur le citoyen Maximilien de Robespierre, exposant, devant la Convention, le plan du régicide Lepelletier St-Fargeau.

J.-B. — Pas possible !

F.-P. — Si fait, Jacques, en propres termes: *Instruction commune obligatoire et gratuite pour tous.* Il y avait du bon dans ces brigands-là. Qu'en penses-tu ?

J.-B. — Ma foi !... Je n'en ai pas moins raison ?

F.-P. — Certainement. Mais maintenant, un point très important m'inquiète. Qu'entends-tu par l'instruction commune, gratuite et obligatoire que tu **veux** donner à tout le monde ? Entends-tu seulement que tout le monde doit apprendre à lire, à écrire et à compter, puis aussi à réciter en perroquet un catéchisme qu'il ne comprend jamais ? Si tu demandes l'instruction, n'est-ce pas pour comprendre ce que tu dois vouloir, pour apprendre à faire désormais un usage plus sage de ton bulletin de vote ?

J.-B — Naturellement ! A quoi bon apprendre pour ne pas comprendre ?

F.-P. — Oui, naturellement ! Car quand on apprend ce qu'on ne peut comprendre, on n'apprend qu'à devenir plus bête, parce qu'on se fausse le bon sens naturel.

J.-B. — Reste à savoir ce que je dois apprendre.

F.P. — C'est bien simple, Jacques. Tu es souverain. Or, un vieux proverbe dit : *C'est en forgeant qu'on devient forgeron*, ce qui signifie qu'on ne devient pas forgeron en rabotant des planches. Il te faut donc, au lieu de l'instruction qui pétrit des sujets, l'instruction qui élève le souverain. Or la première condition d'une bonne instruction de souverain, — l'exemple de l'empereur en est la preuve, — c'est d'être très savant sur le chapitre de ses droits,

J.-B. — Vous aviez ma foi raison, c'est l'empereur qui nous l'enseigne.

F.-P. — Seulement n'oublions pas : l'empereur était seul souverain ; mais toi, tu n'es pas seul ; je suis souverain comme toi, nous sommes tous souverains. J'ai donc comme toi des droits que tu dois respecter si tu veux que je respecte les tiens, ainsi que du reste, je le dois selon la nature.

J.-B. — C'est vrai ! *Fais à autrui comme tu veux qu'il te soit fait.*

F.-P. — Le souverain républicain doit donc être également savant sur le chapitre de ses devoirs.

J.-B. — C'est juste.

F.-P. — Voilà pourquoi je t'ai recommandé d'apprendre par cœur la déclaration des droits et des devoirs de l'homme et du citoyen. Nous l'étudierons ensemble. Celle que je t'ai donnée est celle de 91 ; nous la comparerons avec celles de 93 et de 95, et nous en tirerons sans beaucoup de peine un petit résumé qui serait la base morale et politique de l'instruction républicaine, commune, gratuite et obligatoire du citoyen souverain.

J.-B. — Et ma foi, cela se comprendrait aussi sans peine, même à l'école primaire.

F.-P. — Tant mieux s'il en est ainsi, Jacques ; car l'école primaire est la seule porte par où la République peut entrer dans le pays pour n'en plus sortir. *Faisons venir à nous les petits enfants,* c'est encore une leçon de l'histoire... et du catéchisme.

———

F.-P. — Résumons maintenant, Jacques. Qu'avons-nous fait ici en parlant de l'instruction nécessaire au souverain ?

J.-B. — Il me semble que nous avons fait une loi.

F.-P. — Pas précisément, Jacques. Nous avons posé un principe de loi conforme à la devise républicaine : *Liberté, Egalité, Fraternité.*

J.-B. — C'est vrai. Comment ferons-nous la loi maintenant ?

F.-P. — Comment fait-on un acte de société ? Suppose que nous voulions nous asssocier ensemble pour une industrie. Tu es l'inventeur d'un procédé qui donnerait de beaux bénéfices ; mais tu ne peux l'exploiter, parce que tu n'as pas d'argent. Moi j'ai de l'argent ; mais je ne lui fais rien produire, parce que je ne sais rien inventer. Nous convenons de nous associer à droits égaux : toi, conduisant l'exploitation ; moi, tenant la comptabilité; tous deux partageant par moitié le bénéfice. Pour arrêter cette convention et dans l'intérêt de nos enfants, il faut un acte. Qui le fera ?

J.-B. — Nous chercherons un notaire.

F.-P. — Eh bien, pour nos lois, cherchons des notaires législatifs. Mais un instant, le notaire a-t-il le droit de nous faire un acte de société à sa guise ?

J.-B. — Non pas ! Il doit se régler sur les conventions que nous avons arrêtées ensemble.

F.-P. — Le notaire législatif devra donc aussi se régler sur les principes que nous lui poserons, et ne jamais s'en écarter d'un *iota*. C'est à dire que nous lui poserons un mandat rigoureusement impératif. En ceci, nous ferons encore comme l'empereur. Penses-tu qu'il passait son temps à rédiger lui-même les lois dont il avait besoin ? Oh! que non pas! Il avait bien trop à faire à jouir des délices de sa souveraineté. Il disait simplement : Voici ce que je veux ! Puis il chargeait un conseil quelconque de rédiger sa loi. Agissons de même ; car nous désirons autant que l'empereur jouir des délices de notre souveraineté, toi pour exploiter ton invention, moi pour en tenir la comptabilité. Si nous recherchions de la même manière, et nous le chercherons, le principe de toutes les lois dont nous avons besoin, tu verrais que c'est aussi simple en tout, même en ce qui concerne l'impôt. Tu en as eu un échantillou quand tu as précédemment trouvé qu'il est de toute justice que chaque citoyen doit au pays le service militaire. Ce serait encore tout aussi simple en ce qui concerne les traités de commerce, et même en ce qui concerne le droit de déclarer la guerre. Le tout est de demander l'avis de ceux qui sont le plus intéressés à ces questions. Tu l'as bien vu, Jacques, et tu l'as dit toi-même : si l'on nous avait consultés, nous aurions maintenu la paix.

J.-B. — C'est vrai.

F.-P. — Et si l'on nous consultait, il est plus que probable que nous aurions le libre-échange.

J.-B. — Croyez-vous ?

F.-P. — Nous verrons. Du reste, pour prévenir toute surprise, nous devons adopter comme règle, et faire insérer dans chaque texte de loi, que toute loi est sujette à révision. Car si la morale ne change jamais, les intérêts changent ou tout au moins se déplacent. Par le seul effet de toute loi nouvelle, les rapports entre les intéressés se modifient. Aussi la prudence commande que toute loi soit sujette à révision.

J.-B. — Je comprends.

F.-P. — L'ensemble de tous ces principes de lois — et ce ne serait pas gros, je te l'assure, — formerait la base de notre constitution. Ce serait à proprement parler, le programme que nous poserions à nos notaires législatifs, avec mandat impératif. Dès ce moment, Jacques, ta volonté de souverain serait exécutée.

J.-B. — Mais ce programme, il faut le faire.

F.-P. — Et pour le faire, il faut du temps. Voici donc ce que nous devons exiger des hommes qui en ce moment dirigent nos affaires ; nous leur dirons :

Dirigez encore nos affaires pendant autant de mois de paix, que vous les aurez dirigées pendant des mois de guerre. Vous êtes instruits, vous avez du talent, vous êtes désintéressés et vous avez l'expérience. Guidez la critique des journaux qui dès aujourd'hui vont s'occuper de signaler tous les vices de toutes les lois qu'on nous a imposées ; guidez la recherche des réunions où nous étudierons les principes des lois sous lesquelles nous voulons vivre. Quant à nous, nous lirons, nous nous réunirons ; tous les partis, tous les intérêts s'uniront dans cette étude préparatoire. Et l'étude même nous fera connaître les notaires intègres et expérimentés à qui nous pourrons confier notre mandat.

F.-J. — Ainsi-soit-il !

F.-P. — Halte-là ! entendons-nous bien. Je ne prétends pas qu'après cette proposition tout soit dit et qu'il faille tirer l'échelle. Au contraire. Je dis simplement : Telle est mon opinion ; que d'autres présentent la leur.

Lille, le 28 Décembre 1870.

ERRATA

Page 36, 15ᵉ ligne, lisez NON, au lieu de oui.

Lille. — Typ. J. Petit, rue Basse, 54.